27
L.n. 14030
A.

LA MORT

DU JUSTE.

LA MORT DU JUSTE.

DISCOURS

A l'occasion de la mort d'un membre de la Société Wesleyenne à Paris,

PRONONCÉ LE 19 JANVIER 1840,

DANS LA CHAPELLE RUE MÉNILMONTANT.

par

Pierre Lucas,

MINISTRE DE L'ÉVANGILE.

PARIS,

J.-J. RISLER, RUE BASSE DU REMPART, BOULEVART DE LA MADELEINE.

MARC AUREL FRÈRES, BOULEVART DES ITALIENS, 23.

LONDRES,

MASON, 14 CITY-ROAD.

—

1840.

LA MORT DU JUSTE.

Le juste meurt. (Esaïe, LVII, 1.)

Mes Frères,

« Il est ordonné que tous les hommes meurent, » dit l'apôtre saint Paul ; l'un est frappé d'un accident imprévu, l'autre est enlevé après une longue maladie. Chaque jour nous fournit des exemples de cette grande vérité ; et le temps arrivera bientôt, où nous en servirons nous-mêmes aux autres.

Tous les hommes, sans exception, sont sujets à la mort : elle domine sur toutes les conditions ; le jeune homme fort et vigoureux n'est pas à couvert de ses coups ; l'enfant meurt quelquefois au moment où il a commencé à vivre. Elle vient frapper à la porte du riche aussi bien qu'à celle du pauvre. La puissance, les richesses, les couronnes, les sceptres, tout cède à la mort : elle pénètre dans le palais des grands, aussi bien que dans la hutte du berger; enfin, mes frères, la mort frappe les riches et les pauvres, les savants et les ignorants, *tous* sans exception ; quand elle appelle, prêt ou non prêt, il faut partir.

Comment pouvons-nous nous aveugler si malheureusement sur la mort, qui nous menace tous les jours ? Nous savons, ou du moins nous devons savoir, que nous pouvons mourir à tout instant; et nous vivons comme si nous ne devions jamais mourir; nous considérons toujours la mort comme étant très éloignée de nous; comme si elle ne devait jamais arriver.

Nous entendons dire très souvent de quelqu'un : il vient de mourir subitement, mais nous sommes tellement aveuglés sur notre sort, nous méconnaissons si honteusement nos grands et éternels intérêts, qu'au milieu de tous les dangers qui nous environnent, de la mort qui se promène à notre droite et à notre gauche, nous nous promettons toujours une longue vie.

A la mort des autres, nous trouvons toujours des raisons pour nous rassurer. Cette personne est morte, disons-nous; mais elle était âgée, elle n'avait pas de santé, elle ne se ménageait pas, elle languissait depuis long-temps; elle se livrait à des excès, on l'en avait avertie, mais elle n'y prenait point garde; elle était menacée de tels ou de tels accidents, on ne l'a pas secourue à temps et à propos, et ainsi elle est morte : voilà, mes frères, à peu près ce que nous disons pour nous rassurer contre les frayeurs de la mort ; mais si nous étions sages, nous parlerions autrement ; nous dirions : un tel est mort aujourd'hui, nous pouvons mourir demain, un autre est mort subitement, peut-être que mon heure dernière arrivera bientôt, et ainsi en nous familiarisant avec la mort, nous en ferions disparaître tout ce qu'elle a de lugubre.

Après ces quelques réflexions, nous arrivons aux paroles du texte : « Le juste meurt. »

I. Examinons le sens de cette expression : « LE JUSTE, » et :

II. « SA MORT. »

C'est tout l'ordre de ce discours:

I. Nous avons d'abord à examiner le caractère du juste ; cet examen est des plus graves, et demande notre attention la plus soutenue. En considérant le caractère du juste, nous pourrions peut-être nous imaginer que la Parole de Dieu implique contradiction, surtout, si nous nous rappelons les passages que l'apôtre cite, dans son épître aux Romains, quand il dit : « Il n'y a point de juste, non pas même un seul. » Notre texte nous dit : « Le juste meurt, » et Salomon nous dit aussi ailleurs : « Le juste trouve de l'espérance en sa mort. » Comment pouvons-nous concilier ces passages avec celui de l'apôtre saint Paul ? La chose n'est pas difficile. L'apôtre en disant : « Il n'y a point de juste, non pas même un seul, » veut parler d'une justice

« légale ; » or, en ce sens, il n'y a point de juste, non pas même un seul. Mais notre texte, et le passage des Proverbes que nous avons cité, parlent d'une autre justice, c'est-à-dire de celle qui s'obtient par la foi aux mérites de Jésus-Christ; or, en ce sens, il y a plusieurs justes sur la terre; donc, la Parole de Dieu ne se contredit pas. Comment pouvons-nous devenir justes? ou en d'autres termes, comment pouvons-nous être justifiés? Pour répondre à la question, d'une manière nette et précise, il faut examiner les vérités suivantes :

1. Avant que nous puissions être justifiés, il nous faut reconnaître que nous sommes des créatures tombées, corrompues, oui, complètement corrompues, dans nos pensées, dans nos affections, dans nos volontés, dans nos désirs, dans nos vues, dans nos projets et dans nos fins. Il nous faut reconnaître que nous avons transgressé la loi de notre céleste législateur, que nous sommes tous naturellement des enfants de colère, sous la malédiction, en danger de périr.

2. Il faut que nous soyons profondément convaincus que, ni notre naissance, ni notre éducation, ni nos talents, ni notre moralité, ni nos aumônes, ni nos bonnes œuvres, ni notre justice, ni rien de ce que nous avons fait, ni rien de ce que nous pourrons encore faire, ne peut nous justifier; il est nécessaire, absolument nécessaire, que nous recevions cette vérité, autrement nous nous croirions savants, tandis que nous sommes ignorants.

3. Pour obtenir le pardon de nos péchés, il faut que nous les confessions au Seigneur; au Seigneur, entendez-vous, mes Frères, et non pas aux hommes. Si nous ne confessons pas nos fautes au Seigneur, nous ne pouvons être justifiés : Salomon le prouvé quand il dit : « Celui qui cache ses transgressions ne prospérera point, mais celui qui les confesse et les délaisse, » remarquez bien cette expression : « et les délaisse, » obtiendra miséricorde.

4. Pour devenir justes devant Dieu, il faut que nous allions à Jésus-Christ, tels que nous sommes, avec tous nos péchés, avec toutes nos souillures, il faut croire de cœur à justice, et dès le moment que nous nous abandonnons entre les bras du Seigneur, nous recevons la rémission de nos péchés; alors, nous avons la paix avec Dieu, la paix de la conscience et la paix avec tous les hommes, autant qu'il dépend de nous. Notre cœur est changé, notre conduite est nouvelle, nous sommes la lumière du monde, nous marchons avec joie vers notre céleste patrie, nous ne sommes plus du monde, notre vie est cachée avec Christ en Dieu. Tel est, mes Frères, le caractère du juste, tel était celui de madame Merley, notre bien-aimée sœur en Jésus-Christ.

« Le juste meurt. »

II. Nous vous avons dit dans le commencement de ce discours, que la mort frappe dans l'enfance, au midi de la vie, aussi bien que dans la vieillesse. Oui, mes Frères, par l'offense d'un seul, le péché est passé sur tous les hommes, et par le péché la mort, et la mort est passée sur tous les hommes, parce que tous ont péché. La sentence prononcée contre nos premiers parents, après qu'ils eurent transgressé la loi de leur souverain bienfaiteur, a été exécutée dans tous les siècles passés : « Tu es poudre et tu retourneras en poudre. » Le juste est sauvé des conséquences du péché, par la grâce de Dieu, mais il doit subir la mort, parce que la sentence demeure dans toute sa force, et s'exécute sur tous les hommes. La médiation de Jésus-Christ n'a pas eu pour but de sauver l'homme de la mort corporelle, mais bien, de la mort éternelle; de là vient que tous nos devanciers sont morts, excepté Énoc et Élie, qui furent enlevés au ciel, sans passer par la vallée de l'ombre de la mort. « Le juste meurt. »

Il meurt sans regret sur ce qu'il quitte.

1. Le juste à la mort quitte le monde, et que perd-il en le quittant? Monde trompeur! monde injuste! monde ingrat et perfide! Quand on l'a connu que peut-on en regretter, ou plutôt quel autre regret peut-on avoir, si ce n'est celui de s'y être trop attaché, d'avoir trop long-temps suivi ses illusions, ses erreurs, ses maximes, ses coutumes, ses funestes exemples et ses honteux scandales? Le juste, l'enfant de Dieu, le frère de Jésus-Christ, le compagnon des anges, le candidat au titre de glorifié, l'héritier du ciel, quitte le monde sans le regretter. Pendant qu'il est sur la terre, il ne tient pas à la poussière, aux

fantômes de cette vie, il considère son existence présente comme un passage qui le conduit à l'éternité.

2. Il quitte ses biens, la mort l'en dépouille, mais ces biens, il n'y est pas attaché, il n'y tient pas, il les possède comme ne les possédant pas. Il les emploie pour la gloire de Dieu, à secourir les malheureux, à vêtir ceux qui sont nus, à donner du pain à ceux qui ont faim, à soutenir la cause du Seigneur ; enfin mes Frères, ces biens, il les avait quittés avant qu'ils ne le quittassent, il en jouissait comme un économe jouit de ceux de son maître, se rappelant toujours qu'ils ne sont pas à lui ; de là vient qu'à la mort, il en fait avec joie le sacrifice ; elle ne le dépouille que de sa prison d'argile, toute autre possession lui est étrangère.

3. Il quitte ses parents, ses amis : sacrifice pénible il est vrai, mais il sait qu'il ne les quitte pas pour toujours ; il les quitte, mais dans la réjouissante espérance de les revoir. Ainsi la mère qui meurt dans la foi du Fils de Dieu peut dire à son mari, à ses enfants, s'ils sont convertis et disposés à vivre pour la gloire de Celui qui les a rachetés : époux chéri, enfants tendres et affectionnés pour lesquels j'ai souffert, amis sincères qui avez été mon soutien à travers les conflits de cette vie, la mort m'appelle à vous quitter, mais nous nous rejoindrons un jour, lorsque nous nous retrouverons ensemble sur les rives de l'éternité.

4. Le juste à la mort, quitte la vie ; mais hélas ! quelle vie ! vie triste, périssable, sujette à tant de dangers, à tant de maux,

à tant de misères, de chagrins, de contrariétés, de désappointements ; où il est exposé à offenser son Dieu, et à perdre son âme. Comment pourrait-il désirer de faire un plus long séjour dans cette vallée de larmes et de misère ? Quoi ! l'enfant de Dieu tiendrait à ce qu'on appelle plaisirs, jouissances, honneurs, richesses ici-bas ! Oh ! non, mes Frères ; à la mort, le vrai croyant quitte le monde, ses biens, ses amis, la vie avec tous ses trésors, et cela, sans regret.

Pourquoi ? Parce qu'il meurt plein de confiance en ce qu'il attend. Il attend de trouver un Dieu qui est un Père miséricordieux, non pas un Dieu sévère et vengeur. Il attend une vie meilleure que cette vie périssable et mortelle, où il ne fait que gémir. Il attend une place dans la gloire parmi les élus ; il le fait, non pas fondé sur ses mérites, mais bien sur ceux de Jésus-Christ. Il espère en sortant de ce lieu d'exil, voir Dieu, posséder Dieu, être à jamais réuni à son Dieu. Le ciel semble s'ouvrir à ses yeux, comme autrefois à ceux d'Étienne, premier martyr de l'Église. Les saints béatifiés semblent lui tendre les mains, et l'éternité bienheureuse lui ouvrir son sein pour le recevoir. Non, non ; la mort n'est point une mort pour lui, c'est le commencement d'une vie immortelle et durable, c'est la fin d'un triste pèlerinage et d'un exil languissant ; c'est le port assuré après tant d'orages et de tempêtes ; c'est l'heureuse région des vivants, c'est la véritable et céleste patrie où il va se rendre. O mort ! que ton souvenir est amer à l'homme qui a mis son cœur dans ses biens, dans les plaisirs et dans les illusions de la vie! mais, O mort! que ta pensée est douce à celui qui vit comme ne vivant pas, qui ne vit que d'une mort continuelle à lui-même et à tout! Que la vue du port est aimable après une longue course sur une mer orageuse! Que la liberté est précieuse après une triste et douloureuse captivité! Que la paix est délicieuse après mille et mille combats!

Qu'on se sait alors bon gré d'avoir renoncé au monde, sacrifié ses plaisirs, mortifié ses passions, travaillé à l'unique affaire qui intéresse sur la terre; qu'on recueille avec joie le fruit des combats, des peines, des amertumes, et des larmes de cette vie! C'est alors qu'on éprouve la vérité de ces paroles du roi David : « La mort du juste est précieuse devant les yeux du Seigneur. » (Psaume CXVI, 15.)

Voilà ce qu'éprouve aujourd'hui Mme Merley, notre bien-aimée sœur en J.-C.; oh! si elle pouvait s'entretenir avec nous, si elle pouvait parler à ses enfants, pour lesquels elle a tant prié, tant gémi, tant versé de larmes, si elle pouvait leur raconter son bonheur, sa joie, ses délices, comme elle leur montrerait que la religion pure et sans tache de Jésus-Christ n'est pas un fantôme, une illusion, une affaire de peu d'importance; oh! comme elle nous dirait à tous, frères et sœurs, parents et amis : soyez fidèles, vivez pour le Seigneur et marchez pour lui plaire. Oh! si ceux qui ont méprisé la sincérité de notre bien-aimée sœur, parce qu'elle voulait leur parler de Dieu, du salut de leurs âmes, de l'éternité, la contemplaient à l'heure qu'il est, environnée des chérubins, des séraphins, des anges, des saints béatifiés, de Dieu même ; oh ! si elle paraissait au milieu d'eux, la couronne sur sa tête, et les palmes à la main, ils ne se moqueraient plus d'elle, ils ne vomiraient plus contre elle leurs insignes calomnies, ils comprendraient que si notre bien-aimée sœur leur parlait du salut, pendant qu'elle parcourait cette vie, c'est que leurs âmes lui étaient chères, c'est qu'elle les aimait tendrement, c'est qu'elle désirait leur bonheur éternel plus que toute autre chose.

Mais il est temps que je m'arrête, et que je donne un récit, ou plutôt, une analyse, de la conversion de notre bien-aimée sœur Mme Merley, et de sa vie pendant les douze années qu'elle a été membre de cette Église. Avant d'aller plus loin, il est nécessaire que je fasse observer, qu'en parlant de notre sœur, nous ne voulons pas la représenter comme une personne remarquable sous le rapport de l'intelligence, non, si nous le faisions nous nous tromperions, elle ne l'était pas ; mais nous voulons parler de sa sincérité, et montrer qu'on trouve dans sa vie, les sentiments qui étaient en Jésus-Christ.

Je mentionnerai d'abord :

SA CONVERSION.

Madame Merley était âgée de 70 ans, elle fut convertie au Seigneur dans sa 58me année. Il y a quelque chose de bien remarquable dans sa conversion, et qui nous montre que le Seigneur sait se servir de différents moyens, pour faire arriver les choses à leur fin. Elle fut conduite à nos assemblées par une ouvrière qui travaillait alors dans sa maison, et qu'elle voyait un jour souffrir avec une patience qui n'est pas ordinaire, et même se réjouissant au milieu de ses douleurs. Cette soumission parut extraordinaire à notre bien-aimée sœur, et dans son étonnement, elle demanda à l'ouvrière : Qu'est-ce donc qui peut vous rendre si heureuse, quand vous avez tant de sujets de vous plaindre ? L'ouvrière répondit : Je vais à des assemblées particulières, où la Parole de Dieu est fidèlement prêchée, et depuis que j'ai commencé à assister à ces prédications chrétiennes, je me trouve consolée de toutes mes peines. Cette réponse produisit une impression profonde sur son cœur, tellement qu'elle demanda à l'ouvrière, d'aller avec elle à ces assemblées religieuses.

La première fois qu'elles y assistèrent ensemble, était un dimanche, où le Saint-Sacrement fut administré ; notre bien-aimée sœur, fut frappée d'une manière particulière, en voyant l'esprit de piété qui régnait parmi les membres de l'Église, de la solennité avec laquelle ils célébraient cette fête chrétienne, et de l'harmonie qu'il y avait entre elle et celle que Jésus-Christ avait célébrée avec ses apôtres. Depuis ce moment-là, notre bien-aimée sœur persévéra toujours à venir aux assemblées ; bien que dans le commencement, elle suivît aussi les cérémonies de l'Église romaine; mais à mesure que la lumière du Saint-Esprit éclairait son entendement, la vérité se dévoilait à ses yeux, la dégoûtait du stupide fanatisme et des superstitions dans lesquels elle avait été élevée. Sa conviction étant devenue profonde, elle rompit complètement avec l'Église papiste, et s'attacha de cœur et d'âme à notre Société. Le changement qui s'opéra chez elle par la grâce de Dieu fut radical, sa conversion ne fut pas seulement d'une opinion à une autre, mais bien des ténèbres à la lumière, de la puissance de Satan à Dieu. Ayant reconnu que le purgatoire était une fable artificieusement inventée par les hommes, et que le salaire du péché, quel qu'il soit, est la mort, la perdition éternelle, elle se détermina a prendre la Parole de Dieu pour la règle de sa conduite, priant le Seigneur de lui accorder la grâce par laquelle elle pourrait renoncer à tous les péchés, qu'elle avait considérés pendant long-temps comme véniels, et dont elle espérait d'être purifiée dans le purgatoire. La pensée que le Seigneur l'avait rachetée de tous ses péchés, par son sang précieux, et qu'il n'y a aucune condamnation pour ceux qui marchent, non selon la chair, mais selon l'Esprit, remplit son cœur de joie, et lui donna une glorieuse espérance d'entrer un jour dans la Sainte Cité.

SES PERSÉCUTIONS.

Notre bien-aimée sœur fut toujours ferme dans la profession de la vérité qu'elle avait embrassée. Ayant Dieu dans l'esprit, le Ciel dans la pensée, l'Éternité dans le cœur, elle se trouva pressée par les influences du Saint-Esprit, de renoncer aux amusements du monde, aux vanités folâtres de ce siècle ; sa conscience éclairée ne lui permettait pas de participer aux œuvres infructueuses des ténèbres, mais l'invitait fortement à les reprendre. Elle se trouvait entourée d'inconvertis, qui dans leur aveugle ignorance, voulaient lui faire garder la marche ordinaire, qu'elle avait suivie jusqu'alors ; la voyant ferme dans ses résolutions, décidée dans ses principes, ils lui firent une guerre acharnée, l'accablèrent des plus insignes outrages, lancèrent contre elle tous leurs sarcasmes mordants, déversèrent sur elle leur fiel le plus amer, tournèrent la religion en ridicule, tinrent des discours si honteux touchant les choses saintes, que notre bien-aimée sœur, sentait le sang se glacer dans ses veines, et les cheveux se dresser sur sa tête. Voyant que les puissances infernales étaient liguées contre elle, elle crut que son devoir l'appelait à quitter ses persécuteurs, et elle le fit, préférant être seule, enfermée dans une chambre, sous la garde du Seigneur, afin de pouvoir l'y servir et l'y adorer.

SON DÉVOUEMENT.

Notre bien-aimée sœur était remarquable par son assiduité aux moyens de grâce, animée d'un saint zèle pour la gloire de son Sauveur, remplie d'une courageuse ardeur ; rien qu'une absolue impossibilité ne l'empêchait de se rendre dans le sanctuaire de l'Éternel, pour l'y louer avec ses frères chrétiens. Ni la pluie, ni la neige, ni la glace, ni les tempêtes, ni les orages, ni la distance, rien ne pouvait la garder éloignée de l'Église du Seigneur, lorsque le service divin y était célébré.

Entendez donc cela, vous qui savez sacrifier les moyens de grâce à si bon marché, sortez de votre honteuse indifférence, et alors votre place dans la Maison de Dieu, sera plus souvent remplie à l'avenir qu'elle ne l'a été par le passé, vous honorerez votre profession, vous serez la lumière du monde, votre conduite sera en harmonie avec les principes que vous professez, vous répondrez à la hauteur de votre vocation céleste en Jésus-Christ, enfin, vous marcherez sur les pas de celle dont nous parlons en ce moment.

SA PHILANTROPIE.

Notre bien-aimée sœur avait porté la charité chrétienne à un haut degré ; c'était en elle qu'on voyait l'explication de ces paroles de l'apôtre: « la charité de Christ nous presse ; » elle désirait que tous ses semblables goûtassent avec elle le bonheur de la religion; de là son zèle infatigable à aller de maison en maison lire la Parole de Dieu, invitant tous ceux qui l'entouraient à l'écouter avec attention, afin d'apprendre à connaître le chemin de la vie; de là cette activité qu'elle montrait dans la distribution des traités religieux ; de là le prix qu'elle attachait aux conférences chrétiennes, elle savait les apprécier à leur juste valeur. Ici je me sens forcé de déclarer devant Dieu, qui me jugera un jour, que depuis que j'exerce mon ministère dans cette ville, notre bien-aimée sœur a été le modèle du troupeau; oui, elle a été une des personnes les plus régulières; je désirerais voir de tout mon cœur, la même assiduité dans ceux qui se disent ses frères et ses sœurs.

SA CHARITÉ POUR SES ENFANTS.

Notre sœur, pendant sa carrière mortelle, a éprouvé une grande douleur d'âme, elle avait toujours le cœur percé par les plus cuisants regrets; on peut dire, sans craindre de se tromper, que depuis sa conversion jusqu'à sa mort, elle a toujours mangé le pain de douleur, et bu des eaux amères. Quelle a donc été la source de ses maux, la cause de ses larmes? Un sujet des plus graves, des plus sérieux; c'était le salut de ceux auxquels elle avait donné l'être; c'était leur retour salutaire à la vérité, leur conversion au Seigneur. Oh! que notre chère sœur, a gémi, a pleuré, a prié, en demandant à Dieu le salut de sa famille; elle est morte, sans avoir obtenu une réponse directe à ses prières, mais si ceux pour lesquels elle les a adressées au souverain arbitre des destinées humaines, ne s'endurcissent pas sous la main qui vient de les frapper, elles pourront encore avoir l'effet désiré.

SA CHARITÉ POUR LES ENFANTS DE DIEU.

Notre sœur a manifesté dans toute sa carrière chrétienne un esprit d'amour et de miséricorde pour ses frères en J.-C. Lorsqu'elle se trouvait en compagnie, elle ne parlait jamais contre personne ; si elle entendait quelques uns le faire, elle les reprenait en les exhortant à être miséricordieux, à pardonner leurs frères, comme ils avaient été pardonnés par Christ. Elle savait couvrir les infirmités des autres, par une charité évangélique, et les aimer comme Christ l'avait aimée elle-même. Le départ de notre sœur a été soudain, elle était encore avec nous à une assemblée de prière chez M. Gavillet, le 9 janvier 1840, à huit heures du soir, et à onze heures, elle était passée dans le monde des esprits. En arrivant à sa maison, elle fit sa prière à haute voix ; quelque temps après, elle se trouva mal, elle fit du bruit pour appeler du secours ; une dame de la maison où elle restait, étant montée pour voir ce qu'il y avait, la trouva fort indisposée, et lui entendit dire seulement ces mots : « La mort vient, il faut l'attendre. »

« La mort vient, il faut l'attendre. »

Oh ! que ces paroles sont solennelles ; elles le sont pour tous les hommes, pour les justes et les injustes, mais surtout pour ces derniers. Comment pourront-ils soutenir les regards d'un Dieu qui a les yeux trop purs pour voir le mal sans le punir? Maintenant ils cherchent à pallier leurs crimes, à les dissimuler, mais, si par leur ruse ils peuvent tromper les hommes, mépriser les invitations miséricordieuses de Celui qui a versé son sang précieux pour les racheter des peines d'une éternelle misère ; si dans leur audacieux langage ils disent : « Qui est le Tout-Puissant pour que nous lui obéissions ? nous ne le connaissons pas et nous ne lui obéirons point. Nous ne voulons pas que Christ règne sur nous ; » un jour viendra où ils crieront, mais le Seigneur ne leur répondra point. Prov. I, 28-31.

« La mort vient, il faut l'attendre. »

Nous pouvons en éloigner la pensée en nous perdant dans le tourbillon du monde ; nous pouvons mépriser la croix de Christ, faire de notre ventre un dieu, mettre notre gloire dans ce qui sera notre confusion, nous pouvons préférer le monde à Dieu, la terre au ciel, les plaisirs de ce siècle au bonheur et aux jouissances de la religion ; mais la cloche de l'éternité qui sonne tous les jours pour appeler nos frères, sonnera bientôt pour nous, et alors prêt ou non prêt, il nous faudra partir. Oh ! mes bien-aimés Frères, réveillons-nous pour vivre justement, et ne pécher plus, rappelons-nous que nous sommes des créatures raisonnables, des êtres doués d'immortalité, qui ont une autre destinée que le néant.

« La mort vient, il faut l'attendre. »

Si c'était ici notre dernière journée, sommes-nous sauvés ? avons-nous un intérêt personnel dans la mort de Jésus-Christ ? Le ciel nous est-il bien assuré ? Ces questions sont des plus graves, elles touchent à nos intérêts sacrés, n'y répondons pas à la légère. En vue de l'éternité, la main sur la conscience, le sacré tribunal du juge des vivants et des morts devant les yeux, demandons-nous à nous-mêmes : mon âme, es-tu sauvée? Jésus est-il ton Sauveur? as-tu la paix avec Dieu? Si nous pouvons répondre d'une manière affirmative, nous n'avons rien à craindre ; pour nous, la mort est changée en victoire, rien ne troublera notre fin, ce sera le soir d'un beau jour. Courage, chers compagnons dans la souffrance, suivons le Crucifié à travers la bonne et la mauvaise réputation : poursuivons constamment la course qui nous est proposée, regardant à Jésus, le chef et le consommateur de notre foi. Nous qui sommes réchappés de l'épée, marchons, ne nous arrêtons point, et que Jérusalem nous revienne souvent au cœur.

Bientôt notre état d'épreuve sera terminé, et notre destinée fixée pour les siècles éternels ; et alors, nous jouirons d'une lumière sans ténèbres, d'une vie sans mort, d'un repos sans interruption ; d'un bonheur pur dans sa nature, immense dans sa grandeur, et éternel dans sa durée ; nous dirons, avec tous les bienheureux : A Celui qui nous a aimés et qui nous a lavés de nos péchés par son sang, et qui nous a faits rois et sacrificateurs à Dieu son Père ; à lui soit la gloire et la force, aux siècles des siècles. Amen.

Nous élevons, Seigneur, à ton trône éternel,
Nos cœurs, nos voix, nos chants en ce jour solennel;
Nous admirons le sort d'une âme en toi ravie,
Par ta grâce introduite au séjour de la vie.

Elle a quitté la terre, et riche de tes dons,
Elle est entrée au port vers lequel nous tendons;
Pour elle un calme heureux succède à la tempête;
Elle a vaincu la mort, sa victoire est complète.

O joie inénarrable! ô ravissant bonheur!
Quand la rejoindrons-nous en ce haut point d'honneur?
Quand, à l'abri des maux de la course mortelle,
Aurons-nous la couronne assurée au fidèle?

www.ingramcontent.com/pod-product-compliance
Lightning Source LLC
Chambersburg PA
CBHW070539050426
42451CB00013B/3093